DESCULPE O TRANSTORNO

Jonatan Magella

DESCULPE O TRANSTORNO

Cobogó

O Núcleo de Dramaturgia Firjan SESI foi criado em 2014 com o objetivo de descobrir e desenvolver novos autores de teatro no estado do Rio de Janeiro. De cada turma, selecionada através de inscrições, resultam textos inéditos, publicações e a montagem de um espetáculo teatral na rede de teatros da Firjan SESI.

De março a dezembro de 2018, os novos autores tiveram a oportunidade de trocar experiências e estimular a criação de dramaturgias que expressem novas visões de mundo e dialoguem com diferentes públicos. Tudo isso por meio de estudos, oficinas, palestras, bate-papos e leituras voltados para a formação em dramaturgia.

Os textos desenvolvidos foram encenados na Segunda Semana do Núcleo de Dramaturgia Firjan SESI, realizada em outubro no Instituto Oi Futuro – Flamengo, parceiro do projeto. Na ocasião também foram promovidas conversas com nomes importantes do teatro brasileiro.

Esta publicação apresenta uma das várias dramaturgias finais desenvolvidas pela turma de 2018, resultado do estudo, da pesquisa e do turbilhão criativo que envolveu os 14 participantes nesses dez meses de Núcleo.

Boa leitura!

Divisão de Cultura e Educação
Firjan SESI

SUMÁRIO

Para não se acostumar a ficar acostumado,
por Diogo Liberano   9

DESCULPE O TRANSTORNO   17

Eu, que sempre fui um escritor pessimista,
descobri que sou um louco reinventando mundos
ao escrever sobre loucos que reinventaram
os seus, por Jonatan Magella   69

Para não se acostumar a ficar acostumado

Um catador de lixo, uma caixa de supermercado e uma diarista são aprisionados num centro psiquiátrico pelo mesmo motivo: foram acusados de criar outros mundos em vez de simplesmente aceitar o mundo que lhes foi imposto. Durante o confinamento, porém, essas três figuras provocam mudanças drásticas nas engrenagens da poderosa indústria que os torna loucos e compulsoriamente reféns de tantos medicamentos.

Criada pelo autor Jonatan Magella durante as atividades da quarta turma do Núcleo de Dramaturgia Firjan SESI (2018), a dramaturgia *DESCULPE O TRANSTORNO* se apresenta como uma investigação sobre a necessidade e a importância da criação de outros mundos dentro da opressora realidade que nos é imposta como única possível. O título da dramaturgia, em letras maiúsculas, é um alerta e também uma provocação: desculpe o contratempo, mas não estamos prontos; desculpe o tumulto, mas não estamos prontos porque para estar vivo é necessário estar constantemente em criação, se refazendo e modificando a todo instante. *DESCULPE O TRANSTORNO*, em outras palavras, alerta para a importância de não se acostumar a ficar acostumado.

Composto após dez meses – de março a dezembro de 2018 – nos quais, uma vez por semana, uma turma composta por 14 autoras-autores se encontrava para estudar e criar dramaturgias, *DESCULPE O TRANSTORNO* é também um modo singular proposto e composto por seu autor para responder aos desafios de nossa realidade contemporânea. E esse é o propósito do Núcleo de Dramaturgia Firjan SESI: levar adiante as intuições criativas e os desejos mais íntimos das autoras e dos autores que compõem suas turmas anuais.

Tratando-se de um programa que visa à formação de autorxs interessadxs na escrita dramatúrgica, dois pontos de partida são constantes e determinantes: desentender o que é dramaturgia e alimentar o interesse pela multiplicidade de textos e modos de composição que cada autor(a) desejar propor. Pois se esse projeto está interessado na formação de pessoas interessadas na escrita para teatro, como determinar de antemão o que é a escrita para teatro? Há um modelo único de como deve ser um texto teatral? Ou ainda podemos descobrir e inventar outros modos para compor dramaturgias?

Em *DESCULPE...*, são sete personagens: uma avó e seu neto, um catador de lixo, uma caixa de supermercado, um doutor, um fornecedor de medicamentos e um enfermeiro. Personagens num constante embate: uns desafiam a normalidade com a emergência de seus específicos modos de ler, interpretar e escrever o dia a dia e outros, em nítida oposição, tentam dizer que não há outros mundos possíveis, mas apenas um mundo, este tal como o conhecemos, mundo onde o Deus mais cultuado é o Capital. É na tensão entre possibilitar e/ou impossibilitar a existência de outros tipos de sociabilidade que a narrativa de Magella encontra seu coração.

Ora, mas um mundo inventado – mundo criado – não é propriamente uma fantasia, não é necessária e simplesmente uma ilusão. Mundos inventados, de acordo com o autor de *DESCULPE...*, são espaços que acolhem uma ampla diversidade de gestos e falas, de discursos e ações; outras e plurais sensibilidades. Mundos no plural porque são poesia. E em se falando de poesia nada é verdade ou mentira: as coisas simplesmente agem, elas simplesmente são. Poesia, a partir das tramas desta dramaturgia, nada mais é do que ver (também) pipoca de panela estourando onde havia (apenas) tiro de arma explodindo.

Destaco, assim, algo que me parece extremamente importante: as personagens consideradas "loucas" – loucas porque não se adequaram ao "normal" que nos é forçosamente imposto – não são vítimas de coisa alguma, não são sofredoras, mas, ao contrário, são figuras absolutamente conscientes de sua condição, de sua força e das possibilidades de questionar e reagir ao que o "destino" insiste em lhes impor. Disso, por extensão, deriva uma trama de acontecimentos que nos encoraja a não sofrer uma determinada questão, mas, ao contrário, de extenuar qualquer tipo de ação ou discurso que ouse inviabilizar um determinado tipo de existência, qualquer que seja ela.

Eis uma força dessa dramaturgia: frente a um mundo miserável e produtor de misérias sem fim, os personagens não lamentam esse mundo, sua ação primordial e primeira é reagir. Reagir a um mundo em que autoridades (e suas empresas e negócios) controlam e medicam (dopam) pessoas para que elas sigam crentes e servas de uma única realidade. Um mesmo mundo onde uns loucos – que desafiam essa única realidade – teimam em construir outras possibilidades.

É na busca por valorizar essa liberdade – essa possibilidade de leitura e escritura múltiplas do mundo contemporâneo – que a narrativa de Magella se edifica, mas, para isso, o autor tem ciência que precisa criar e sustentar dialeticamente oposições. Assim, um espaço do real, um espaço comumente reconhecível, é infiltrado nessa dramaturgia: um hospital psiquiátrico ou, numa palavra-cárcere, um manicômio. É dentro e em relação a esse espaço facilmente identificável, com seu funcionamento e seus comprimidos, que o texto encontra algum contraponto para fundar a urgência de sua poeticidade.

Em 24 cenas – ou fragmentos, dada a concisão da escrita de Magella –, o que se abre são reações desses personagens à massacrante imposição de um tipo único de mundo. Outra virtude do texto, ao meu ver, é não ter medo de firmar com radicalidade as oposições: se de um lado temos personagens que realizam o sonho de outras realidades (uma atendente-caixa de supermercado, um catador de lixo reciclável e uma diarista), do outro, temos figuras institucionais e institucionalizadas: um doutor, um enfermeiro e um fornecedor de remédios. O Estado, por meio desses últimos personagens, revela-se como um plano teológico, como um Deus (invisível, mas atuante) que legisla corpos e humanidades, que faz o mercado girar na busca por cifras mais recheadas de zeros.

No percurso desses 24 momentos, seguindo a objetividade dos títulos de cada parte, acompanhamos tentativas muito explícitas de resistir à imposição de uma realidade capital. A agilidade dos quadros talvez exista para que não tenhamos tempo para nos apaixonar demais por essas figuras. Sua função, propriamente, seria uma função filosófica: evidenciar e atiçar contradições, tornar visível a injustiça tão presente nas relações trabalhistas e interpessoais, fazer com que coexistam realidades distintas. Pois não se trata de um tipo de mundo vencer o outro. Trata-se, sobretudo, de reconhecermos que as realidades são muitas e múltiplas; que o mundo, talvez, seja assim tão imenso justamente porque pode comportar uma amplitude de seres e tipos de existência que não cessam de nascer e nele se firmar.

Afirmo, assim, se tratar de uma trama filosófica porque aquilo que anima suas veias é propriamente a poesia: nunca uma coisa é só uma coisa, há pelo menos três (ou mais) lados de uma mesma moeda. Para tanto, ver e escrever outras realidades se torna, por extensão, uma tarefa da linguagem. Ciente do risco de sua empreitada, Magella não teme afirmar a sua loucura em forma de texto. Já na abertura de sua dramaturgia, ele nos conta que o espaço no qual sua narrativa acontecerá é justo um entre, "entre os mundos criados e o mundo imposto". É no entre mundos que o texto nos convoca à reflexão.

Mas o que seria isso de mundos criados e mundo imposto? Num primeiro momento, tal sentença parece um pouco genérica demais. Costumamos falar a palavra mundo, nos habituamos a falar da realidade como se ela fosse uma única, como se mundo e realidade fossem coisas idênticas e invariáveis. Talvez seja sobre esse genérico que a dramaturgia de Magella esteja agindo. De que maneira? Dando corpo e vibração aos seres que tenazmente desconfiam que o mundo possa caber dentro de uma ínfima palavra.

Ao sequestrar os ditos loucos, doutor e enfermeiro revelam ao que ou a quem servem: aos fornecedores de medicamentos. Eis uma engrenagem do capitalismo: ele produz as doenças para as quais os remédios já foram inventados por ele mesmo. Ele inventa remédios e, presumivelmente, depois cria doenças para alimentar a loucura de seu comércio. Diz o doutor, na agilidade doentia de seu trabalho: "A realidade não espera o sol." Para ele, fica evidente, a realidade é uma, algo um tanto voraz e indisposta ao próprio movimento da natureza. Já para o enfermeiro, num momento em que este se revela um tanto abalado pelo encontro recorrente com os prisioneiros: "Só quem ganha é o vendedor de comprimido." É o enfermeiro, enlouquecido ou tornado mais lúcido pelo contágio da "loucura", quem contribuirá decisivamente para a quebra do sistema.

É interessante como Magella não teme ser direto nas suas colocações. Se não podemos dizer que as situações da dramaturgia são previsíveis, sem dúvida, podemos afirmar que elas se inscrevem sem firulas, sem muitas voltas, ou seja, tudo é declaradamente exposto e na situação composta e escrita se esgota. Resta o quê, então? Gosto de imaginar que aquilo que sobra, o resto, é propriamente a atividade da leitura, a reação de cada leitor(a) ao texto. Talvez, sugiro, exista algo mais importante que a revelação de um algo, algo ainda mais importante que a surpresa – também um tanto acostumada – que uma narrativa poderia lançar ao seu leitor.

A revelação proporcionada por *DESCULPE...* talvez diga respeito ao pensar. Lê-se essa dramaturgia erguendo a cabeça, saindo do texto para reconhecer – na dita realidade em que vivemos – como a nossa própria realidade foi induzida a funcionar. Aos poucos, a trama nos sugere que a sanidade das autoridades seja, talvez, a doença mais violenta de todas. Também os chefes desejariam ter outra vida, mas já não sabem como, tão aprisionados se encontram à mecânica do mercado. A realidade, mesmo para os vencedores, numa hora ou noutra se revela maior e indomável. E para o desespero dos que impõem ao mundo a fome de seu poder, por vezes, a vastidão da realidade se planta como uma ínfima e gigantesca perturbação: brotam incômodos interiores. No decisivo momento de sua denúncia, o Enfermeiro diz:

ENFERMEIRO: [...]
   Diriam por aí os doutores: "gente irracional".
   Irracional é aquele que olha o mundo e vê outro mundo.
   Que olha a realidade e vê outra realidade.
   (Porque olhar e ver são coisas diferentes.)
   Exatamente como vejo agora, de meu quarto neste hospital sujo e triste.
   Os homens e as mulheres confinados me parecem bem mais sãos que
   Os doutores que receitam comprimidos
   E que os mecenas que produzem tais comprimidos.
   Quem é o doente:
   Os que veem o mundo enquanto lucro
   Ou os que veem o mundo pela ótica de um neto ingênuo, de um sentimento desperdiçado, de uma explosão do corpo?
   Quem é o doente aqui?

Eis a magia da poesia. Enquanto uns catam lixo para reciclar, outros catam também tardes de domingo que foram desperdiçadas. Não importa render a realidade da poesia como se, por ser poesia, ela fosse irrealizável. Importa é importunar a nossa dita realidade costumeira, pois quem a faz somos nós. Importa a *DESCULPE O TRANSTORNO* ser declarado em seu gesto, urgente e direto em seu aviso: estamos em obra e, por estarmos em obra, nada está pronto, logo, nada ainda foi finalizado. Nem texto, nem vida, nem morte.

Tudo ainda respira. E, enquanto respira, tudo ainda pode para além do que tem sido.

Como coordenador do Núcleo de Dramaturgia Firjan SESI, registro a minha satisfação em, novamente, ter a parceria da Editora Cobogó na publicação de dramaturgias criadas por autoras e autores de nosso projeto: além de Magella e seu *DESCULPE O TRANSTORNO*, também são publicadas as dramaturgias *Saia*, de Marcéli Torquato, e *só percebo que estou correndo quando vejo que estou caindo*, de Lane Lopes. Além dessas, somam-se as publicações de nossa terceira turma (2017): *ROSE*, de Cecilia Ripoll, *Escuta!*, de Francisco Ohana, e *O enigma do bom dia*, de Olga Almeida.

Às autoras e aos autores que integraram a quarta turma do Núcleo – Alexandre Braga, Clarice Rios, danilo crespo, Felipe Haiut, Gabriela Estevão, Gabriela DiMello, Isadora Krummenauer, Jonatan Magella, Karla Muniz, Lane Lopes, Marcéli Torquato, Sheila Kaplan, Sofia Teixeira e Thiago Cinqüine – o meu honesto agradecimento pelo aprendizado e pela troca que partilhamos juntos.

Em especial, agradeço ao coordenador de cultura e educação Firjan SESI, Antenor Oliveira, e ao analista cultural Robson Maestrelli por tornarem possível a existência e a continuidade de um projeto tão importante para a dramaturgia nacional contemporânea.

Diogo Liberano
Coordenador do Núcleo de Dramaturgia Firjan SESI

DESCULPE O TRANSTORNO

de **Jonatan Magella**

PERSONAGENS

VÓ

NETO

CATADOR

CAIXA

DOUTOR

FORNECEDOR

ENFERMEIRO

ESPAÇO

Entre os mundos criados e o mundo imposto.

TEMPO

Neste agora.

1. A AVÓ RECRIA SEU MUNDO

VÓ: No princípio – que era também o fim de outra coisa – eu criei
telhado
e
chão.

Aquele, porém, era um espaço vazio e sem forma e as trevas reinavam sobre meu barraco.

Então eu disse:
"Que haja luz."

E a Light respondeu que ali a luz não chegava.

Mandei o vizinho fazer um gato.
E houve luz.
Então vi que era bom ter luz
e não pagar luz.
Essas foram as obras do primeiro ano.

Então fiz a separação entre as águas:
um cano no banheiro para parar de tomar banho de balde, a descarga para melhorar o cheiro e a torneira da pia, que ninguém merece lavar louça em tanque.

E assim se foram dois anos de economia como
diarista.

No terceiro ano eu disse:
"Produza a terra ervas e pequenas verduras."
Fiz uma horta caseira nos fundos do terreno, o
que aumentou minha economia
e minha saúde.

No quarto ano,
chegou meu neto abandonado à própria sorte
por filho e nora que resolveram que ele fora só
o resultado de uma gozada boa demais pra parar e pela qual valeria a pena a inconsequência,
afinal, afinal, afinal, ahhhhhhhh, as avós cuidam,
ahhhhhhh, depois vovó olha, ahhhhh.... elas estão aí pra isso. Então eu pensei em toda a vida
que deixaria pra lá cuidando de uma criança,
de tudo que perderia da existência, também no
quanto isso era comum – muitas amigas que
foram avós antes dos 40 tinham que cuidar das
proles de suas proles – e, por fim, aceitei a missão de criar aquele neto com o suor de meu
próprio trabalho.

Então eu disse:
"Que haja um quarto pro garoto."
E houve um quarto pro garoto e o garoto viu
que isso era bom e o garoto passou a me chamar de mãe.

Pois, desde pequeno, ao deglutir
(mmm... mmm...)
e gritar
(ahhhh),
formando o fonema

mmmmaaaaahhh
(que de maneira alguma é mãe, é apenas fome),
quem o saciava era eu.

Portanto ele me chamou de mãe e me adorou.
E assim se passou o quarto ano.

No quinto ano, o garoto pediu que eu criasse
uma alma
vivente em forma de animal de estimação –
um cachorro –,
ao que respondi:
"Não inventa ideia e cala a boca, moleque."

No sexto ano, criei uma televisão nova, embocei a casa, coloquei piso e vi que aquilo era bom
porque me alegrava ter uma casa decente.

Então finalmente eu disse:
"Que haja cores."
E houve cores, muitas cores,
e a casa destoava de todas aquelas outras com
paredes nuas.

No sétimo ano, eu vi tudo quanto tinha feito.
E me alegrei.
Tanto, que tive a impressão de que aquela tarde
de descanso tomando café na porta de casa e
olhando meu neto brincar em seu ingênuo e
maravilhoso mundo seria
e   t   e   r   n   a.

Foi aí que ouvi um tiro.
E descobri que mulheres que criam mundos
não descansam nunca.

2. A CAIXA RECRIA SEU MUNDO

CAIXA: O gerente chama
minha colega de caixa.
Ela pergunta o que eu quero.
Valer uma nota de 100.
Não exatamente 100 reais.
Mas ter a importância de uma nota de 100.
As pessoas quase choram quando entregam uma.
E ninguém chora com meus 20 minutos de almoço.

O gerente chama
minha encarregada.
Ser caixa de supermercado
me lembra uma vaquinha.
A vaquinha triste de uma fazenda.
Uma fazenda distante que visitei na infância.
Na volta perguntei ao meu pai
(era um tempo em que eu ainda podia fazer perguntas)
por que a vaquinha não podia
sair como os outros animais.
Isso deixa ela triste, pai.
Não é tristeza. É doença.
Será sacrificada pra dor acabar.
Eu sou a vaquinha.
Eu sou a vaquinha sacrificada.
Mas a dor,
a dor não acaba.

O gerente chama
o segurança.
Bruto e bobo.
Tirá-la dessa estagnação, só com uma ação violenta, senhor.
Concordo contigo.

Ação violenta.
É o que faço agora.

Enfim o locutor.
Eu que mando chamar.
Obedecem com custo.
(Etapas da negociação.)
Ordeno que minha colega de caixa atravesse
o balcão:
Pega o leitor de código de barras agora.
Passa em mim agora.
Quanto eu valho?
Quanto eu valho?
Fala!
Mil e trezentos reais. Mas podia ser mais.
Não. Calma.
Tá bom.
Pelo menos valho mais que um salário mínimo.

Olho pro locutor:
Me anuncia!

Eles fingem que não me ouvem.
(Como acontece todo dia.)

Olho pro locutor:
Me anuncia!

O locutor chama a atenção dos clientes.
Minha colega chama Deus do céu.
O segurança chama ajuda.
O gerente me chama
de filha da puta.

O mercado
em chamas.

3. A AVÓ RECRIA SEU MUNDO II

NETO: Será que ele já comeu tudo?

VÓ: Tá mastigando ainda.

NETO: A fome dele não passa nunca!

VÓ: Tomara que agora passe.

NETO: Já é a terceira bacia de pipoca que o Deus come essa noite.

VÓ: Já?

NETO: Sim, eu contei.

VÓ: Verdade. Ele começou a fazer quando a gente tava sentado na calçada, aí comeu. Fez mais uma porção às 11 e pouco, aí comeu de novo. E agora, quase uma da manhã, deve estar comendo outra vez.

NETO: O Deus deve ter feito maratona de séries.

VÓ: Provável.

NETO: A cada episódio come pipoca.

VÓ: Provável.

NETO: Mas ele nunca fez isso antes.

VÓ: Deve ser insônia.

NETO: Depois desse episódio ele vai dormir? Não aguento mais esse barulho de pipoca. Também não quero mais me arrastar.

VÓ: Já falei que temos que nos arrastar hoje.

NETO: Mas dói o cotovelo.

VÓ: É treinamento. Senão você não aguenta ir pra colônia de férias. Você quer ir pra colônia de férias, certo?

NETO: Quero.

VÓ: Então cumpra os treinos. Inclusive vamos dormir no chão hoje, pra ir acostumando suas costas.

NETO: Na colônia de férias tem que dormir no chão?

VÓ: Sim. É um dos jogos.

NETO: E a gente tem que andar se arrastando?

VÓ: Sim. Na colônia tem o jogo da resistência.

NETO: E eles dormem no banheiro?

VÓ: Não.

NETO: Por que a gente tá deitado no banheiro então, mãe?

VÓ: Porque/

NETO: Aqui fede.

VÓ: Por isso.

NETO: Por que fede?

VÓ: O cheiro na colônia não é bom, você precisa treinar. Porque tem o jogo do fedor.

NETO: Eu acho que não quero ir pra colônia de férias.

VÓ: A gente tem tempo pra decidir.

NETO: Talvez eu aceite, com uma condição.

VÓ: Qual?

NETO: Lá Deus não pode fazer pipoca.

VÓ: Fica tranquilo. Deus só costuma fazer pipoca aqui na favela.

NETO: Mãe?

VÓ: Que é?

NETO: Você é muito divertida. Meu pai nunca me disse coisas tão legais.

VÓ: Se ele não diz a você, então você diz a ele.

4.O CATADOR RECRIA SEU MUNDO

CATADOR: E eu tenho culpa? O cara perguntou se eu precisava de um tênis.

Eu disse que sim e agora me enfiam numa ambulância todo amarrado.

Meu trabalho é caminhar 20 quilômetros por dia atrás de reciclável.

Eram 10 antes da crise, mas tive que dobrar.

É claro que um tênis bacana ajuda.

Aliás, essa é uma das vantagens de trabalhar em áreas nobres.

Sobra tudo, de materiais a sentimentos.

O cara disse que não tava dando conta da velocidade da esteira.

Falei pra reduzir.

Explicou que a esteira não tem botão, que é velocidade única.

E que ele nunca alcança – quanto mais corre, mais a esteira acelera.

Falou que passa o dia pensando na esteira,

E que, na hora de dormir, sente cansaço,

Mas com a impressão de que não correu nem 10 metros.

Por isso é que me deu o tênis que pra ele é inútil.

É claro. A esteira é a vida dele.

Foi ele que me denunciou? Por vergonha, só se for.

Tem outra casa também. Com sacada. Azul. Agora lembro.

Eu sempre passo na lixeira e encontro coisas valiosas:

Uma tarde de domingo,

Um café da manhã com os filhos no feriado,

Conversa em família em noite de chuva.

Agora, se me chamam de louco porque eu vejo afeto na lixeira,

Poderiam aliviar minha barra porque eu não guardo nem vendo.

Quando encontro sentimentos e vivências desperdiçadas,

Eu vivo.

Sabe? Eu vivo, eu usufruo, eu...

Enfermeiro? Tudo bem contigo? Você me pareceu tonto.

É, tonto devo estar eu. Que lugar é esse? Me solta, me solta, me solta.

5. VOCÊ É O MEU CONTRÁRIO

CATADOR: Parece um hospital.

CAIXA: Parece uma prisão.

CATADOR: Parece os dois, um dentro do outro.

Pausa.

CAIXA: No fundo eu sabia que me mandariam pra essa joça.

CATADOR: Por que seguiu?

CAIXA: Só assim pra suportar aquela vida, rir do dinheiro.

CATADOR: Você foi ousada. Eu não sabia. Não fiz nada que eu nunca tivesse feito.

CAIXA: Qual foi tua doidice?

CATADOR: Eu reutilizo restos de lixo e de sentimentos. Qual é o seu trabalho?

CAIXA: Eu sou meio que um desses restos.

CATADOR: Falo sério.

CAIXA: Eu era caixa de supermercado.

CATADOR: Eu era catador de material reciclável.

Pausa.

CAIXA: Tipo esses que passam equilibrando um carrinho cheio de tralha?

CATADOR: Eu mesmo.

CAIXA: Você é o meu contrário. Meu trabalho era num cercado. Cabelo preso, unha feita. Qualquer movimento, previamente autorizado. Você explora a cidade e suas sujeiras.

CATADOR: Eu acordava e escolhia meu caminho. O normal é não repetir trajeto por pelo menos um mês, que é pra dar tempo das pessoas comprarem coisas novas.

CAIXA: Você é o meu contrário.

CATADOR: Que importa? Agora estamos os dois presos aqui. E ainda tem ela, coitada. Nessa idade, abandonada.

6. NA DIREÇÃO, PERDENDO O SENTIDO

ENFERMEIRO: O grupo novo chegou.

DOUTOR: As fichas.

ENFERMEIRO: Aqui.

DOUTOR: Um catador, uma caixa de supermercado e uma diarista velha. É piada?

ENFERMEIRO: Foi o que deu, doutor.

DOUTOR: O fornecedor não vai gostar.

ENFERMEIRO: Sempre o fornecedor.

DOUTOR: Mais respeito com quem paga seu salário. Que é? Nunca foi disso.

ENFERMEIRO: Deve ser estresse.

DOUTOR: Biografias dos transtornos.

ENFERMEIRO: A diarista mora numa favela em guerra. Diz pro neto que o tiroteio é Deus comendo pipoca.

DOUTOR: Ousada. Quem denunciou?

ENFERMEIRO: O pai da criança.

DOUTOR: Filho denunciando mãe, veja a proporção que toma o projeto.

ENFERMEIRO: A outra deitou na esteira do caixa e cismou que era um produto. Causou um grande tumulto no mercado. O gerente que denunciou.

DOUTOR: Transtorno de trabalho. Isso é mais comum.

ENFERMEIRO: O caso mais complexo parece que é o do catador. Ele diz que vê desperdícios do cotidiano nas lixeiras.

DOUTOR: Por exemplo?

ENFERMEIRO: Tardes de domingo.

DOUTOR: Instigante.

ENFERMEIRO: Tem lá uma família que desperdiça uma tarde. Ele diz que vê isso nas lixeiras.

DOUTOR: Esse transtorno beira o ineditismo. Ele comentou se guarda?

ENFERMEIRO: Guarda o quê?

DOUTOR: As tardes em família.

ENFERMEIRO: Diz ele que usa.

DOUTOR: Se encontrar, confisca.

ENFERMEIRO: E faço o quê?

DOUTOR: Traz pra mim.

Pausa.

ENFERMEIRO: Então?

DOUTOR: Pode começar agora.

ENFERMEIRO: Agora?

DOUTOR: Agora.

ENFERMEIRO: É tarde.

DOUTOR: Agora.

ENFERMEIRO: Pra que tanta pressa?

DOUTOR: Não é pressa. É não perder tempo.

ENFERMEIRO: Poderíamos começar amanhã cedo.

DOUTOR: A realidade não espera o sol.

7. UM PACTO

CAIXA: Eu não tenho nada a perder.

CATADOR: A gente sempre deixa coisas pra trás.

CAIXA: O meu rompimento foi brusco demais. Além disso, eu gosto de ser sozinha.

CATADOR: Isso é trauma?

CAIXA: É e não é.

CATADOR: Essa resposta não vale.

VÓ: Essa é a única resposta possível.

CAIXA: Olha a experiência.

CATADOR: O que busca?

CAIXA: Curioso.

CATADOR: Sou só um homem acostumado a levar e trazer histórias em seu carrinho. Já tô sofrendo de estagnação, não me deixe sem conversas.

CAIXA: Homem que se contradiz, homem que surpreende num gesto.

VÓ: Nada mais revolucionário.

CATADOR: O quê?

VÓ: Falar em amor nesse momento.

CATADOR: Como chegamos nessa conversa eu não sei.

VÓ: A conversa está sempre no agora, por isso a gente não lembra das curvas que fez, mas a gente precisa pensar no que ficou. É o estímulo.

CAIXA: O que ficou?

VÓ: Um neto.

CAIXA: Um vínculo.

VÓ: Preciso viver e voltar. Ele tem um pai louco, que me denunciou, mas que não cuida.

CATADOR: Vamos ficar vivos.

VÓ: Vivos eu não duvido, o problema é a obrigação de realidade única. Tem gente que fica em manicômio 30 anos e já não sabe viver lá fora. Isso aqui te condiciona.

CAIXA: Se cada um cuidar de si a gente sobrevive.

VÓ: Venho de um lugar que se fosse cada um por si eu já teria morrido de fome.

CATADOR: O que pensa?

VÓ: Escapar.

CAIXA: Tem um enfermeiro que não sai daqui e tem o tal do diretor que falaram que é linha dura.

VÓ: Eu gosto de ver o programa *Grandes obras do mundo atual*, não me lembro de qual canal, as grandes obras são quase sempre impossibilidades que o homem inventa com organização.

CATADOR: Podemos ver as características de cada um.

VÓ: Catador viaja: vai levar e trazer informações, porque viajar e catar é a única vida possível. Uma caixa de supermercado que vira produto tem uma energia boa demais pra não usar isso a seu favor. Na hora certa vai agir de modo intempestivo.

CATADOR: E você?

VÓ: Eu costumo brincar de deusa.

8. O MÉTODO

CAIXA: Que nojo da porra.

CATADOR: Qual parte comeu?

CAIXA: A capa do caderno de Economia.

CATADOR: Eu comi a previsão do tempo. Podia ser pior.

CAIXA: O que é pior do que comer uma folha de jornal?

CATADOR: Comer uma folha de jornal do lixo.

CAIXA: Você já?

CATADOR: Não vai te matar. Pelo menos em curto prazo.

CAIXA: Eu vou descansar isso que eles chamam de sono.

CATADOR: Era pra deixarem a gente dormir pra aguentar o tranco no dia seguinte.

VÓ: É o sonho.

CAIXA: Nem tenho sonhado mais.

CATADOR: Deve ser essa sopa maldita.

VÓ: Por isso.

CATADOR: Isso o quê?

VÓ: O sonho também é uma forma de recriação, nos impõe uma rotina pra evitar sonhos.

O Enfermeiro aparece.

ENFERMEIRO: Hora de dormir. Em quatro horas estarão de pé.

CATADOR: Hoje podemos apagar as luzes? Trabalho de madrugada, não convivo bem com a claridade.

ENFERMEIRO: A escuridão não faz bem a vocês. A iluminação é parte da cura.

CAIXA: E o banho não pode ser morno amanhã?

ENFERMEIRO: Banho gelado pra acordar para a vida. Regra do lugar. Boa noite.

CAIXA: Boa noite pra quem, seu infeliz? Come sopa de casca de legume e vê se consegue dormir direito.

VÓ: Que você consiga dormir em paz.

ENFERMEIRO: Obrigado. Eu tento.

VÓ: Sei que às vezes a gente não encontra a consciência e fica achando que ela não existe, mas ela só tá ofuscada pela sujeira.

O Enfermeiro cala.

CATADOR: Como faz pra desejar o bem a quem te faz o mal?

VÓ: Odiar é se esconder atrás de uma máscara, e, com a aproximação da morte, todas as máscaras caem.

Dentro do Enfermeiro tudo é ruína.

9. DENÚNCIA

ENFERMEIRO: Isso aqui é uma máquina de produzir loucos.
Uma máquina de produzir mortes.
Venda de corpos a 40 reais cada.
Venda de ossadas, mais caro ainda.
Lei da oferta e da procura.
Se não tem morte, a gente cria.

Com banho gelado nas noites de inverno.
Depois a gente inventa pra família
Um motivo qualquer,
Uma morte qualquer.
(Quando a família vem saber.)

Engraçado,
Encarceramos pessoas por criarem outras vidas possíveis
Enquanto a gente é livre, mesmo criando morte impossível.

Se bem que agora
Me veio a dúvida:
A gente anda livre?
O doutor responsável foi deixado pela mulher.
Eu nunca tive ninguém.
Porque trabalho é coisa difícil.
E desde quando pediram pra ficar
Eu fui ficando.

E viver aqui
Incomoda, transtorna, sacode.
Sobretudo agora
Que apareceu uma velha conversando com meu corpo de dentro
E eu fui vendo que eles nunca ganharam nada.
Só quem ganha é o vendedor de comprimido.

10. HERANÇA

VÓ: Acorda.

CATADOR: O que foi?

VÓ: Vem até aqui que eu quero te dizer uma coisa fundamental pro seu futuro.

CATADOR: Fala.

VÓ: Baixo, pra não acordar ela.

CATADOR: Diz.

VÓ: Eu não vou durar muito.

CATADOR: Vai sim, você é a nossa deusa.

VÓ: Não eram os deuses gregos que invejavam a mortalidade dos homens?

CATADOR: Não sei.

VÓ: Eram, eu vi no canal de História. Eu ensinei boas coisas ao meu neto. Teve algum sentido. Criamos um mundo novo. Amolecemos a realidade.

CATADOR: Tô entendendo nada.

VÓ: Nem tudo é pra entender.

CATADOR: Eu entendo quase tudo que você ensina. Você seria uma ótima professora para os ricos dos bairros onde trabalho.

VÓ: Era isto o fundamental pro seu futuro: quando sair daqui, porque vai sair, cata lixo nos bairros pobres também.

CATADOR: Tem pouco.

VÓ: Não importa.

CATADOR: Nem sentimentos eu encontro, que pobre não desperdiça.

VÓ: É raro ver sentimento na lixeira de um pobre. Mas é melhor que isso. Em vez de achar raridades pra usufruir sozinho, você será convidado a compartilhar. Usufruir de sentimentos não desperdiçados.

CATADOR: Vou lembrar disso.

VÓ: Espero ser uma boa lembrança. Não vou durar muito.

11. NÚMEROS OTIMISTAS

DOUTOR: Comparando as planilhas chegamos a esse valor.

FORNECEDOR: Fantástico.

DOUTOR: Bem-vindo ao sétimo zero.

FORNECEDOR: Me sinto emocionado.

DOUTOR: Cada dia chegando mais gente. Cada dia chegando mais zeros.

FORNECEDOR: Tudo sob controle?

DOUTOR: Tudo. Só uma velha um pouco doente com o método.

FORNECEDOR: Já disse que os velhos a gente não precisa trazer. A Previdência trata de devolvê-los à vida real.

DOUTOR: Essa foi a última, definitivamente. Fora isso, sucesso total. Amanhã o grupo novo inicia com o comprimido.

FORNECEDOR: Tá aí um grande acerto do meu laboratório.

DOUTOR: Falando em acerto.

FORNECEDOR: Você só fala em dinheiro.

DOUTOR: Não tem a ver com isso.

FORNECEDOR: Riqueza?

DOUTOR: Não.

FORNECEDOR: Tem a ver com o quê?

DOUTOR: Relevância.

FORNECEDOR: Toma. A parte que lhe cabe.

DOUTOR: Uau.

FORNECEDOR: Nunca viu?

DOUTOR: Com tantos algarismos, não.

FORNECEDOR: Pega a sua família. Sai um pouco deste lugar. É pesado.

DOUTOR: Tô divorciado. Dormindo tantas noites aqui.

FORNECEDOR: Cuidado.

DOUTOR: Com o quê?

FORNECEDOR: Com o que o senso comum diz.

DOUTOR: O que ele diz?

FORNECEDOR: Sobre solidão.

DOUTOR: Fala.

FORNECEDOR: A solidão enlouquece o homem.

12. SÃO OS SEUS ESCRÚPULOS?

ENFERMEIRO: Comprimido.

CAIXA: Não quero.

ENFERMEIRO: Toma o comprimido.

CAIXA: Seu pau mandado de merda.

ENFERMEIRO: Você é muito explosiva.

CAIXA: Não preciso de críticas.

ENFERMEIRO: É um elogio.

Pausa.

ENFERMEIRO: Toma.

CAIXA: Não quero.

ENFERMEIRO: Segura, pelo menos. Tem as câmeras.

CAIXA: Não quero.

ENFERMEIRO: Segura, mas não engole.

CAIXA: Mas/

ENFERMEIRO: Não engole. E manda os outros não engolirem. Certo?

CAIXA: Certo.

ENFERMEIRO: CERTO?

CAIXA: Certo. O que acontece se eu...?

ENFERMEIRO: Esse comprimido, se ingerido, te condiciona a ver apenas uma possibilidade do real.

CAIXA: Isso seria morrer.

ENFERMEIRO: Eternamente uma caixa infeliz.

CAIXA: Nem brinca.

ENFERMEIRO: Então segura embaixo da língua e cospe depois.

CAIXA: Tá.

ENFERMEIRO: Mais calma agora?

CAIXA: Sim.

ENFERMEIRO: Melhor. O que fiz pra isso?

CAIXA: A sua contradição. Nesse gesto.

ENFERMEIRO: Eu não sou o que pareço.

CAIXA: Gostaria de ver o que é de verdade.

ENFERMEIRO: A gente vai se mostrando com o tempo.

CAIXA: Ser surpreendida alivia o peso.

13. INVESTIGAÇÃO

DOUTOR: Era pra você estar dormindo.

CATADOR: Insônia.

DOUTOR: A sala da direção te dá sono?

CATADOR: Só vim andar um pouco. Descobrir um lugar novo. Ficar enclausurado não é fácil.

DOUTOR: Eu sei.

CATADOR: Sabe?

DOUTOR: Admiro muito seu estilo de vida. Alguém que ganha a vida de maneira...

CATADOR: Imprevisível.

DOUTOR: Imprevisível.

CATADOR: Exatamente.

DOUTOR: Tudo chega aos meus ouvidos.

CATADOR: Tudo?

DOUTOR: Até os detalhes.

CATADOR: Quais?

DOUTOR: Que você recolhe umas... preciosidades.

CATADOR: Às vezes.

DOUTOR: As pessoas não sabem viver, não é mesmo?

CATADOR: Pois é.

DOUTOR: Se eu fizer uma perguntinha, você responde com sinceridade?

CATADOR: Acho que o sono tá me pegando.

DOUTOR: Calma.

CATADOR: Tô cansado.

DOUTOR: Amanhã eu te dou mais 30 minutos de cama.

CATADOR: Em troca de quê?

DOUTOR: Nessas suas andanças, você encontra muitas coisas. Já eu, bem, eu vivo aqui preso, sem família. Só tenho vocês, percebe?

CATADOR: Como não perceber?

DOUTOR: Quero te propor um combinado.

CATADOR: O quê?

DOUTOR: Uma troca.

CATADOR: Qual?

DOUTOR: Algumas facilidades pra você, por algum achado que esteja guardado por aí.

CATADOR: Impossível.

DOUTOR: Então cria a possibilidade.

CATADOR: Eu uso tudo que encontro.

DOUTOR: Sempre sobra.

CATADOR: Não desperdiço.

DOUTOR: SEMPRE SOBRA.

CATADOR: Não!

DOUTOR: Não minta pra mim, seu... Olha, eu prometo qualquer coisa. O que quiser.

CATADOR: Eu posso pedir qualquer coisa?

DOUTOR: Então você tem sobras?

CATADOR: Se eu posso pedir qualquer coisa, eu posso dar qualquer coisa.

DOUTOR: Então peça.

CATADOR: Tem uma senhora na minha ala que não tá bem. Libera ela pra que possa morrer em casa com o neto, em paz.

DOUTOR: Feito.

CATADOR: Feito? Assim?

DOUTOR: Sim. Amanhã ela estará liberada. Mas até a próxima noite eu quero um feriadinho em família que seja.

CATADOR: Você terá.

DOUTOR: Assim espero. Porque, quando eu me frustro, eu enlouqueço.

14. DENÚNCIA II

ENFERMEIRO: A loucura e a normalidade nascem no ventre de sua época.

O louco de hoje seria uma referência na Idade Média:

O homem que tem a coragem de sair do feudo e encarar os males da floresta.

O nômade, o dândi, o errante, o vagabundo.

O louco de hoje seria o xamã da Rússia czarista.

Já o louco de ontem é o homossexual de hoje.

O louco de ontem é a mulher que exige respeito do companheiro de hoje.

O louco de ontem é a adolescente grávida de hoje.

Todos confinados porque fora do padrão.

Porque a cidade higienizada com

Todo mundo igualzinho

É bem melhor que aquele mafuá de gente estranha.

Diriam por aí os doutores: "gente irracional".

Irracional é aquele que olha o mundo e vê outro mundo.

Que olha a realidade e vê outra realidade.

(Porque olhar e ver são coisas diferentes.)

Exatamente como vejo agora, de meu quarto neste hospital sujo e triste.

Os homens e as mulheres confinados me parecem bem mais sãos que
Os doutores que receitam comprimidos
E que os mecenas que produzem tais comprimidos.
Quem é o doente:
Os que veem o mundo enquanto lucro
Ou os que veem o mundo pela ótica de um neto ingênuo, de um sentimento desperdiçado, de uma explosão do corpo?
Quem é o doente aqui?

15. CONTRA A PAREDE

ENFERMEIRO: Mandou me chamar?

FORNECEDOR: Sente-se.

ENFERMEIRO: Precisa não.

FORNECEDOR: Não tá cansado?

ENFERMEIRO: Pareço?

FORNECEDOR: Há muitas formas de cansaço.

ENFERMEIRO: Uma delas é enrolar pra falar.

FORNECEDOR: Meu enfermeiro predileto. Funcionário exemplar de todos os meses. Trabalhador incansável.

ENFERMEIRO: Obrigado.

FORNECEDOR: Devo manter os elogios?

ENFERMEIRO: Não sei do que fala.

FORNECEDOR: Sabe.

ENFERMEIRO: Sei não, senhor.

FORNECEDOR: Você mudou.

ENFERMEIRO: Todos mudam.

FORNECEDOR: Você mudou pra pior.

ENFERMEIRO: É um ponto de vista.

FORNECEDOR: Anda esquivo. Eu devo desconfiar?

ENFERMEIRO: Algumas coisas andam pesando.

FORNECEDOR: "Algumas coisas andam pesando". Aprofunde-se.

ENFERMEIRO: Você trabalha aqui, assim como o doutor, mas sou eu quem convive com aquelas pessoas. Ali tem ser humano.

FORNECEDOR: Humano?

ENFERMEIRO: Não é fácil ver tanto sofrimento. Tem uma senhora quase morta.

FORNECEDOR: Você tá acabando com o sofrimento deles.

ENFERMEIRO: Com um comprimido?

FORNECEDOR: Com O COMPRIMIDO. E todo o método de cura, claro.

ENFERMEIRO: É muita tristeza.

FORNECEDOR: Agora deixa eu te contar a minha versão da história.

ENFERMEIRO: Dinheiro e mais dinheiro.

FORNECEDOR: Negativo. Tem a ver com a estrutura mais importante deste país: a família! Você trabalha aqui, mas não convive com os familiares. Pra eles, nós somos um alívio. Os pais e os filhos dessas pessoas nos amam. É por nossa causa que eles podem ter uma vida normal longe desses transtornados.

ENFERMEIRO: Que se dane. Eu tô falando de liberdade. Você não sente dor?

FORNECEDOR: Pra mim, é tranquilo.

ENFERMEIRO: Você é doente.

FORNECEDOR: Meu terapeuta disse que sou normal.

ENFERMEIRO: Você sofre de normalopatia.

FORNECEDOR: Essa sua revolta não vai chegar a lugar nenhum.

ENFERMEIRO: Não é revolta.

FORNECEDOR: O que é?

ENFERMEIRO: Eu só tô vendo a vida por uma outra/

FORNECEDOR: Realidade?

16. O SISTEMA

CATADOR: Cobaia, vocês são tudo cobaia.

CAIXA: Quem disse isso?

CATADOR: Eu estive na sala do doutor.

CAIXA: E foi fazer o que lá?

CATADOR: Buscar e trazer informação.

CAIXA: Achou?

CATADOR: Achei um relatório na sala dele.

CAIXA: Consta o quê?

CATADOR: Parece um contrato, um contrato entre o governo e este lugar. Olha o preço de cada comprimido.

CAIXA: Porra! É quase meu salário no supermercado.

CATADOR: É o preço da normalidade. O Estado usa impostos que pagamos para manter a nossa realidade. Ele não pergunta a ninguém sobre o uso desse dinheiro.

CAIXA: A gente enlouquece pra pagar os impostos, enlouquece mais ainda por não ter retorno com os impostos, e eles pegam esses impostos e investem em comprimido pra curar/

CATADOR: Pra manter/

CAIXA: Pra inventar a nossa loucura.

CATADOR: Estado, Ciência e Empresários: os donos da razão contra nós. Falando em nós, como ela tá?

CAIXA: Cada minuto que passa, pior.

CATADOR: Esses filhos da puta não vão fazer nada. Seus desgraçados!

VÓ: Não grita.

CATADOR: Te acordei? Desculpa.

VÓ: Gritar pra quê?

CATADOR: Pra ser ouvido.

VÓ: Se uma luz é forte demais, a gente cega. O som em excesso ensurdece.

CAIXA: E o que a gente faz?

CATADOR: O silêncio não age.

VÓ: Não sei o que fazer.

CAIXA: Mas você é deusa!

VÓ: Só de brincadeira. E o que uma criança faz se a brincadeira não dá certo?

CATADOR: Ela brinca de outra coisa.

CAIXA: Ela encontra novos amigos.

VÓ: É isso ou o chorar.

17. CONTRA A PAREDE II

DOUTOR: Anoiteceu?

FORNECEDOR: Acho que sim.

DOUTOR: Olha a janela.

FORNECEDOR: Anoiteceu.

DOUTOR: O desgraçado não veio.

FORNECEDOR: Quem?

DOUTOR: Precisamos aumentar as doses.

FORNECEDOR: Você que manda. Produção tem.

DOUTOR: Espera.

FORNECEDOR: Esperar?

DOUTOR: Não vão aguentar.

FORNECEDOR: Que é que tem?

DOUTOR: Às vezes me importo, às vezes não.

FORNECEDOR: Vamos dar um choque.

DOUTOR: Choque não faz parte do método.

FORNECEDOR: De realidade. Neles e naquele enfermeirozinho de merda.

DOUTOR: Não sei, não sei.

FORNECEDOR: Mandando mensagem pro laboratório entregar carregamento duplo agora.

DOUTOR: Vai sair pela culatra. Com qual justificativa? Preciso explicar.

FORNECEDOR: Não me lembro de você querer explicações.

DOUTOR: Como assim?

FORNECEDOR: Você nunca se importou.

DOUTOR: No fundo, o que a gente quer é ajudar. Eu sei que olhar a vida de um modo fora do padrão pode gerar um caos, portanto sei que eles precisam passar por um pequeno sofrimento para depois ter uma vida de paz, dentro da normalidade, mas aumentar as doses seria um exagero.

FORNECEDOR: O engraçado é que durante a sua faculdade você ia para chopadas e churrascos pagos pela minha empresa, bebia todas e, que eu me lembre, nunca reclamou de aumentar as doses de bebida, claro. Nem nos congressos, quando a minha empresa paga estadia, passagem, comida, paga até as putas que você come pra compensar a sua vidinha solitária de merda.

DOUTOR: Tem uma coisa me incomodando.

FORNECEDOR: O quê? Fala, a gente resolve. Mais um zero na sua comissão?

DOUTOR: Não, é um incômodo interior.

FORNECEDOR: Ah, não.

DOUTOR: É.

FORNECEDOR: Culpa?

DOUTOR: Talvez.

FORNECEDOR: Ética! A ética no trabalho!

DOUTOR: Se o nome que você dá é esse.

FORNECEDOR: Eu vou te dar uma aula de ética agora. Freud era pago por uma empresa pra escrever sobre os benefícios da cocaína, inclusive, diz-se até que cheirava uma carreirazinha no meio da conferência. Seu mestre! Freud! Pago pra cheirar e dizer quanto a cocaína o fazia feliz, o deixava disposto. Vai me dizer que isso era antiético? Você vai derrubar toda a psiquiatria?

DOUTOR: Não sejamos anacrônicos.

FORNECEDOR: Então vem, vem comigo, ande comigo algumas décadas. O que vocês, psiquiatras, eram até os anos 1970?

DOUTOR: Não sei.

FORNECEDOR: Fala.

DOUTOR: Nada.

FORNECEDOR: Uns merdas! Vocês eram uns merdas! Não tinham respeito de ninguém da classe médica. Aí colocaram um jaleco branco, começaram a receitar uns fármacos e olha aí. Viraram uma referência: são vocês que decidem quem está apto a viver em sociedade e quem não está. São os verdadeiros senhores da razão!

DOUTOR: Hoje em dia, sim.

FORNECEDOR: Mas não são sozinhos.

DOUTOR: Não somos.

FORNECEDOR: Ah, não, de modo algum, o que seria de vocês se não fosse a indústria? Você já atuava nos anos 1990: quantas novas doenças, transtornos, síndromes e o diabo surgiram nessa época. Hoje, se você for a um psiquiatra, eu dou noventa e nove vírgula nove por cento de chance de você encontrar um sintoma que se enquadra numa das doenças psíquicas catalogadas. Eu minto?

DOUTOR: Não.

FORNECEDOR: E isso deixou a vida de vocês bem mais legal, né?

DOUTOR: É.

FORNECEDOR: Então escuta, doutor, você faça o favor de aumentar as doses do seu remédio, até porque nós damos emprego pra um monte de gente. Quanto mais remédio, mais trabalhadores produzindo. Você não quer ver o caos social, não é mesmo, você luta contra o caos, não é mesmo?

DOUTOR: Tudo bem. Mas a gente poupa a velha.

FORNECEDOR: Você não vai poupar ninguém. Nem a velha.

DOUTOR: A velha tá quase morrendo.

FORNECEDOR: Os comprimidos estão a caminho.

18. APOCALIPSE NOW

VÓ: Sinais do fim:

Trombetas, muito mais que sete, no baile do morro. Até de manhã. Estresse e insônia. De quem é a lei?

Fogo: o menino não soube disparar seus rojões. Incêndio nas cercanias.

Fome. E disso vocês sabem. Sabem? Anemia das brabas.

Pestes: dengue, zika, chikungunya e síndome de guillain-barré. Dor insuportável nas articulações.

Dilúvio: 150 milímetros em 24 horas. Deslizamento de terra soterrou uma amiga. Eu, sã e salva, mas peguei pneumonia.

Guerras, o sinal das guerras: facção contra facção contra milícia contra polícia contra quem for do contra. Uma bala sem origem sempre encontra um cantinho acolhedor na cabeça de um inocente.

Eu lutei contra um exército, uma máquina de matar preto.

Sem diploma: só invenção.

A poesia salvou a vida do meu neto.

E prolongou a minha.

No fim, fui crucificada em nome do meu próprio filho único.

Um dia eu volto.

Ou talvez eu nunca me vá.

19. A REBELIÃO

CATADOR: Eu poderia dizer que ela descansou, mas creio que não. Ela é daquele tipo de criadora que, no sétimo dia, em vez de descansar, destrói o que fez nos seis primeiros. Então começa tudo de novo.

CAIXA: Ela foi só comer pipoca com Deus.

CATADOR: Na última conversa, eu esperava que ela fosse nos dar uma dica final.

CAIXA: Por que a gente sempre espera uma genialidade na hora derradeira?

DOUTOR: Eu disse que ela não aguentaria a dose.

FORNECEDOR: Foda-se essa velha.

DOUTOR: A gente também não vai envelhecer?

FORNECEDOR: Tá se comparando com ela? Você é médico, ela era diarista.

DOUTOR: Que diferença isso faz pro tempo?

ENFERMEIRO: Aqui não enterram os corpos. Aqui jogam os corpos no ácido e vendem as ossadas.

CATADOR: O enfermeiro sumiu.

CAIXA: Eu sinto que ele tá por perto. Desde a primeira vez que o vi, senti que ele poderia contradizer o que se espera dele.

CATADOR: O que se espera dele?

CAIXA: Que seja um monstro.

CATADOR: O que ele é?

FORNECEDOR: Deve ter sido o desgraçado do enfermeiro. A morte dessa velha não poderia causar essa crise. Quantos já morreram por aqui?

DOUTOR: Nunca soube contar muitos zeros.

FORNECEDOR: Mídia, ativista, um bando de moleque vagabundo da zona sul que não tem o que fazer a caminho.

DOUTOR: É irreversível.

FORNECEDOR: Sei como reverter.

ENFERMEIRO: Venham, venham todos. Isso não é uma causa específica. É vida. Essas pessoas não são doentes e precisam ficar fora da cidade – a cidade doente! Você entra aqui e não sabe mais como viver lá fora. Tem gente que vive aqui há 30 anos. Perdeu vínculos! O louco tem direitos ou a loucura suspende sua cidadania?

FORNECEDOR: Uma rebelião.

DOUTOR: Não tem rebelião.

FORNECEDOR: A gente cria.

DOUTOR: Com que explicação?

FORNECEDOR: E alguém ouve explicação de maluco?
Louco é preso. Preso é criminoso. Criminoso faz rebelião.

DOUTOR: Como sempre, é você quem receita os remédios por aqui.

20. ENFRENTAMENTO

CAIXA: Do fogo ao desespero é um passo
Lençóis nos basculantes
Gritos de horror
São os loucos, pensam os repórteres
Os loucos, pensam os ativistas, agora com receio
E nós, dentro daquilo, pensamos só em
Como sair dali.

CATADOR: Quando as chamas lambem o lugar
Com sua língua vermelha e o corpo
Começa a se despedir das emoções humanas
"Foi um prazer toda essa jornada
A alma manda um abraço também
É que ela vai comigo, pra onde eu for"
O imprevisível acontece
Porque as pessoas passam metade da vida planejando
E a outra metade vivendo do improviso.

DOUTOR: Eu não vejo as famílias deles perturbando aqui
Vocês, repórteres, e também os ativistas, não entendem
Que é melhor dormir aqui que ficar jogado na rua
Perguntem aos familiares que pediram a internação
Provavelmente os pais e os filhos dos nossos clientes estão satisfeitos
Em vê-los aqui em vez de jogados na sarjeta
Arrumando confusão com patrão, traficante ou famílias de bem

Por isso o poder público nos paga para manter esse espaço de serenidade
E essa rebelião com direito a incêndio
Só prova que é melhor aqui dentro que aí fora.

ENFERMEIRO: O receio que vocês têm eu também tenho
De uns tempos pra cá, comecei a ficar com medo
Do fogo, do jogo
E até de mim, que nem vocês
Então chegou aqui uma senhora já de avançada idade
E me mostrou outro mundo
O mundo dentro da sujeira da consciência
Que se a gente limpar um pouquinho já enxerga
Aproveitei e fui numa gaveta imunda da cozinha
Onde os ratos costumam fazer alpinismo nos legumes
E achei a chave reserva da chave reserva da chave reserva
Podemos sair pela porta da frente agora
Não precisamos mais ficar trancafiados como bichos na jaula
Como nos colocaram
E desde já digo a vocês
Que ainda não estamos livres
Temos trabalho.

21. EMBATE DE REALIDADES

DOUTOR: Aonde pensa que vai?

CATADOR: Pra todas as ruas onde eu não andei.

DOUTOR: E as minhas tardes de domingo que prometeu?

FORNECEDOR: Aonde pensa que vai?

ENFERMEIRO: Atrás de todos os homens que, por "cumprir meu dever", matei.

FORNECEDOR: E os meus comprimidos que não vendeu?

CATADOR: Você que as consiga por conta própria.

DOUTOR: Mas eu não vejo outras realidades fora esta.

CATADOR: Não é olhar, é ver.

ENFERMEIRO: Os seus comprimidos me comprimem.

FORNECEDOR: Eu tenho convênio com ioga, alongamento, pilates.

ENFERMEIRO: A única coisa que quero alongar são meus dias de paz.

CATADOR: Olha lá pra fora e me conta o que olha.

DOUTOR: Meu olho olha aquela desgraçada, deve estar fazendo denúncias.

CATADOR: E o que sua alma vê?

DOUTOR: Uma louca fazendo merda.

FORNECEDOR: Vocês podem mudar algo por agora.

ENFERMEIRO: O agora é tudo que se tem.

FORNECEDOR: Nenhuma mudança é permanente. A realidade maior sempre engole as menores.

CATADOR: Um ser humano em busca de liberdade.

DOUTOR: A louca discursando aos sãos sobre a loucura.

CATADOR: Falando sobre sua realidade.

DOUTOR: Uma realidade instável, um mundo que não se solidifica. Vocês sofrem de vários transtornos.

CATADOR: Desculpe o transtorno, doutor, é que o nosso mundo está sempre em construção.

22. VOCÊ É O MEU CONTRÁRIO II

CATADOR: É a nossa hora!

CAIXA: É a nossa hora!

CATADOR: Portões escancarados.

CAIXA: Parece um sonho.

CATADOR: Imagina: a cidade com esse bando de loucos soltos por aí.

CAIXA: A cidade precisa da loucura. Precisa ser reabilitada para a loucura.

CATADOR: O que é ser normal, afinal? Não comer, disputar pra ver quem trabalha mais, ter vergonha de falar que estava dormindo às dez horas da manhã?

CAIXA: Isso e outras atrocidades.

Pausa.

CATADOR: Maravilhoso poder ir e voltar.

CAIXA: Poder ir e ficar.

CATADOR: Ficar é uma possibilidade.

CAIXA: E uma perda.

CATADOR: O que se perde?

CAIXA: Perco a realidade de fora e ganho a realidade de dentro.

CATADOR: Sendo mais específica.

CAIXA: Perco o movimento de fora e ganho o movimento de dentro.

CATADOR: O enfermeiro?

CAIXA: É!

CATADOR: Entrou em contradição?

CAIXA: Num gesto.

CATADOR: Queria amar gente, mas amo só a rua.

CAIXA: O amor tem tantas formas quanto a sua realidade criar.

CATADOR: Espero que te alimente.

CAIXA: Alimenta uns dias, noutros deixa com fome. E tem alguns em que a gente vai querer comer outra coisa. Eu conheço bem o caminho.

CATADOR: Então por que fica?

CAIXA: É mais que isso.

CATADOR: Mais que amor?

CAIXA: O amor é só uma parte da alegria.

CATADOR: O que mais?

CAIXA: Este espaço será implodido.

CATADOR: Tipo dinamite?

CAIXA: Ãrrã. Colheram assinaturas. Vai virar um centro de arte.

CATADOR: E ninguém como você pra tocar o projeto.

CAIXA: Você bem que podia ficar também.

CATADOR: Meu projeto é a rua.

Pausa.

CATADOR: E aqueles desgraçados?

CAIXA: Alguns processos e vergonha.

CATADOR: Prisão?

CAIXA: Tem prisão maior que a vergonha?

Pausa.

CATADOR: Veja aí que o mundo gira. Agora trocamos de lugar. Eu fiquei mais reflexivo. E você mais impulsiva.

CAIXA: Mas você continua sendo meu contrário.

CATADOR: Quando se vir sozinha, me procura.

CAIXA: Te procuro sem solidão também. Mas acho que não vou me sentir sozinha, não.

CATADOR: Tem o enfermeiro.

CAIXA: E tem a nossa deusa também. Ela fica. Sinto a energia.

CATADOR: Engraçado. Eu ia te dizer que ela vai. Também sinto.

CAIXA: Fica no nome do Centro de Artes. Fica na sua liberdade. As deusas são onipresentes, afinal.

CATADOR: Agora, enfim, ela vai voltar à sua brincadeira preferida.

23. A CAIXA RECRIA SEU MUNDO II

CAIXA: Primeiro ele chamou o músico
que cantou John Lennon com a voz quase rasgada.

Depois ele chamou o ator
que interpretou a si mesmo
e disse que estava quase preferindo o personagem ao ator.

Depois ele chamou
a mulher que costumava quebrar pedras,
e em vez de quebrar pedras
ela começou a quebrar palavras
e encontrou palavras novas.

Houve até apresentações
sem que ele chamasse.

Quando acabou,
ele me chamou
de tudo o que eu pedi.

E também do que não pedi.
(Mas gostei.)
Me chamou de amor
e enfim me chamou pra dividir os dias com ele.

Meu corpo
em chamas.

24. O CATADOR RECRIA SEU MUNDO II

NETO: O que é?

CATADOR: Sua lixeira.

NETO: Que é que tem?

CATADOR: Tem nada.

NETO: E por que isso te faz olhar com admiração?

CATADOR: Porque não tem realmente nada!

NETO: Não tá acostumado a trabalhar por aqui?

CATADOR: Não.

NETO: Lugar de pobre tem pouco lixo, e o pouco que tem o lixeiro leva segunda, quarta e sexta à tarde.

CATADOR: Nem sentimento tem.

NETO: Tem.

CATADOR: Cadê?

NETO: Eu vivo.

CATADOR: Nenhuma sobra?

NETO: Uso todos.

CATADOR: Raro.

NETO: Tive uma boa professora.

CATADOR: Sério?

NETO: Por que o espanto?

CATADOR: Eu também tive. Uma deusa que recriava seus mundos.

NETO: Em vez de você levar, a gente pode compartilhar.

CATADOR: O quê?

NETO: Os sentimentos.

CATADOR: Mas e se acabar?

NETO: É que nem lanche compartilhado, todo mundo sempre come mais do que levou.

CATADOR: Às vezes parece que não tem lógica.

NETO: Ter, tem. Mas é outra. Outras lógicas pra outras realidades. Então entra, aproveita e janta comigo.

CATADOR: Aceito, sim, que a fome apertou.

NETO: Só não repara, não, que aqui a janta é pipoca.

Eu, que sempre fui um escritor pessimista, descobri que sou um louco reinventando mundos ao escrever sobre loucos que reinventaram os seus

Após o Ensino Fundamental, comecei a dormir fora de casa. Não me sentia seguro, não havia leveza. Busquei abrigo na casa dos novos amigos que a adolescência me deu. Aos poucos, esses novos amigos foram substituindo os antigos – eis o vai e vem da existência. Acabei me mudando definitivamente.

Anos depois, já adulto, regressei ao bairro da infância. Numa visita ao mercado local, encontrei quatro colegas do Ensino Fundamental. Eles falaram sobre a felicidade de ter um emprego de carteira assinada e poder trabalhar sentados, enquanto eu só conseguia ser grato por não estar no lugar deles. Sinto que mudar de casa cedo me ajudou a burlar o destino preconcebido.

Eu gosto de viver em trânsito. Só de imaginar meu corpo cercado por um balcão nove horas por dia, sinto náuseas. Cheguei a trabalhar em comércio – durei cinco meses como balconista de uma loja de materiais de construção. Era 2013 e eu me demiti para ir às Jornadas de Junho. Se ficasse mais uma semana, imagino que enlouqueceria. Desse exercício da imaginação, surgiu a imagem de uma operadora de caixa deitando na esteira e virando um produto – a minha primeira personagem.

Hoje sou professor e escritor, dois ofícios onde só há estagnação se eu quiser. Mas houve um momento da vida em que eu era obrigado a conviver com rotinas. A pior delas era a rotina da loucura.

Deve ser muito bom fazer um doutorado em Lacan, um apanhado histórico sobre o manicômio de Barbacena ou o Doutor Eiras, em Paracambi. Também deve ser interessante coordenar um grupo de teatro cheio de loucos, mas para um menino de 13 anos não é nada fácil viver com um maluco dentro de casa – e foi por esse motivo que eu comecei a dormir fora após o Ensino Fundamental.

Meu tio, irmão de minha mãe, falava sozinho – geralmente com o Diabo, mas às vezes ele recebia Deus para uns papos; do outro lado do cômodo em que eu dormia, ele batia os pés na parede (música?); às pessoas vivas, ele direcionava xingamentos tão pesados que eu imaginava vingança constantemente. Aos 13 anos, já o aconselhava: "Sossega, tio, deixa *o zoto* em paz." No entanto, no fundo, tinha medo de que, caso alguém fizesse algo com ele, minha mãe interviesse e acabasse entrando no pacote.

Esse tio louco me gerava dois sentimentos paradoxais: uma certa raiva por impedir que a nossa vida fosse normal (eu não levava amigos em casa, por exemplo), mas também certa admiração, principalmente em relação ao seu trabalho.

Meu tio era catador de recicláveis. Com um carrinho apelidado de burrinho-sem-rabo, ele construía novos caminhos diariamente, entre copos de café e doses de cachaça. De cabeça erguida, andava pelas ruas de Nova Iguaçu, Belford Roxo e outros cantos da Baixada. Não tinha itinerário ou rotina – era exatamente o contrário dos colegas que encontrei no mercado.

Ébrio, ele falava com mais autenticidade que qualquer Ph.D. em psiquiatria. Refletia acerca da morte (da sua própria quase sempre), de poder, dinheiro, sexo, futebol, política, meio ambiente, equinos, direitos da criança e do adolescente, teologia e também sobre o amor. Tempos depois descobri através de terceiros que seu grande sonho era ser caminhoneiro. Talvez, em suas andanças atrás de recicláveis, ele buscasse reciclar liberdades alheias não vividas. Aí surgiu a imagem de um catador que, em vez de lixo, recicla desperdícios afetivos – o segundo personagem.

A terceira personagem é uma avó que, em meio a uma rara noite de tiroteios – tendo em vista que a imagino vivendo numa favela ocupada pela UPP –, inventa para o neto que os tiros são Deus fazendo pipoca. Essa avó é resultado das minhas noites de terça no Núcleo. Essa avó é, de algum modo, a sabedoria do Diogo, a memória do Crespo, as divagações da Gabriela, a serenidade da Sheila, a inteligência da Lane, a articulação do Alexandre, o bom humor da Karla e toda aquela confluência de energias que me fez recolocar meu olhar sobre o mundo.

(Dramaturgia é reescrever a história. Dramaturgia é antecipar a vida. Dramaturgia não imita a realidade, inventa realidades. Texto existe no papel e na palavra. Por um teatro que não seja superado pelos acontecimentos na vida. Inoperosidade: fazer outro uso com aquilo que está dado. Responder, denunciar, propor. Profanar, profanar, profanar. Transformar é o gesto principal da dramaturgia. Esqueça como é, escreva como poderia ser. Quem vai fazer as perguntas não autorizadas? Revelar a reificação das coisas. Introduzir uma diferença na realidade.)

Ora, eu, que sempre fui um escritor pessimista, tive a dádiva de aprender a sonhar através do texto – enquanto não nos alcançam, os tiros são só estrondos. Se uma avó acredita que Deus faz pipoca, eu já consigo sentir o cheiro da manteiga derretendo sobre as flores brancas. E que se dane a pólvora.

Pois agora eu tinha três personagens. E nenhuma história. Trama, conflito – eu não tinha nada disso. Duas semanas antes de entregar o trabalho, nenhuma palavra escrita. Aí entram duas pessoas muito importantes e definitivas para o texto: Thiago Cinqüine e Jéssica Simões.

Se Diogo Liberano foi meu professor no Núcleo, Thiago Cinqüine foi meu professor na rua. Entre a Rio Branco e a Central do Brasil, meu companheiro de trajetos pela Presidente Vargas, em meio a trabalhadores braçais e usuários de crack, ele ia me ensinando, tirando minhas dúvidas (muitas, sempre muitas) acerca de Brecht, Novarina, Benjamin, Agamben e tantos outros pensadores do Teatro e da Filosofia, que eu, com experiência restrita à Literatura, nunca tinha ouvido falar. No fim da caminhada, ele pegava o trem, eu tomava o ônibus e sempre me despedia agradecendo: "Valeu pelo pós-aula." Sem dúvida, se não fosse Thiago Cinqüine em meu 2018, eu não teria escrito este texto.

A Jéssica é minha companheira de vida há muitos anos, e quando estou num beco sem saída ela quebra uma parede, descobre uma janela, pinta uma porta que ganha vida. "Por que não coloca os três personagens num manicômio?" Bastou que ela dissesse isso. É claro! Os três são loucos e são loucos porque reinventam seus mundos. Um catador inventa que seu lixo é afeto e experiência: louco! Uma avó inventa que tiros de fuzil são grãos de milho de pipoca estourados por Deus: tan-tan! Uma caixa de supermercado se liberta com um gesto violento: piradíssima! Sem dúvida, se não fosse a Jéssica em minha vida em 2018, eu não teria escrito este texto.

A partir daí foi colocar o corpo em experiência. "Onde está o corpo que escreve?", o Diogo nos perguntava o tempo todo. Parei de fazer compras mensais e comecei a ir ao mercado todos os dias, sempre tentando desautomatizar o olhar e mergulhar no desconhecido. Pus-me a tentar entender como se dão as relações dentro de um manicômio. Meu tio tinha ido embora de um "centro de reabilitação evangélico", na zona rural de Nova Iguaçu. Sentia-se preso demais entre a oração e o ócio e, enquanto todos o crucificavam (os cristãos e sua mania de crucificar), tentei escutar suas motivações para a fuga.

Li artigos e ouvi palestras sobre a reforma manicomial, tentei compreender a filosofia de Foucault acerca da loucura, acompanhei catadores do bairro, enfim, fiz aquelas pesquisas que talvez não sirvam para nada, mas que resistem como matéria-prima no inconsciente do escritor.

Feito isso, a dramaturgia saiu em duas noites e a entreguei faltando 15 minutos para o fim do prazo. A dramaturgia estava congelada dentro de mim e a experiência do Núcleo a derreteu: as palavras tomaram forma como um filete de água que caminha pelo desnível.

Lembro que, na noite da entrega, fui dormir com um bom sentimento de leveza e segurança. Um sentimento bem diferente de quando eu era adolescente e precisava dormir fora de casa.

Eu, que sempre fui um escritor pessimista, descobri que sou um louco reinventando mundos ao escrever sobre loucos que reinventaram os seus.

Jonatan Magella

© Editora de Livros Cobogó, 2019
© Jonatan Magella

Editora-chefe
Isabel Diegues

Editora
Mariah Schwartz

Gerente de produção
Melina Bial

Revisor final
Eduardo Carneiro

Projeto gráfico de miolo e diagramação
Mari Taboada

Capa
Guilherme Ginane

CIP-BRASIL. CATALOGAÇÃO-NA-FONTE
SINDICATO NACIONAL DOS EDITORES DE LIVROS, RJ

      Magella, Jonatan
M171d   Desculpe o transtorno / Jonatan Magella.- 1. ed.- Rio de Janeiro: Cobogó, 2019.
                                          80 p. (Dramaturgias)
      ISBN 978-85-5591-090-6

      1. Teatro brasileiro (Literatura). I. Título. II. Série.

19-59640   CDD: 869.2
                                                                  CDU: 82-2(81)

Vanessa Mafra Xavier Salgado- Bibliotecária- CRB-7/6644

Nesta edição, foi respeitado o Acordo Ortográfico da Língua Portuguesa de 1990, que entrou em vigor no Brasil em 2009.

A Firjan SESI não se responsabiliza pelo conteúdo publicado na dramaturgia e no posfácio deste livro, sendo os mesmos de exclusiva responsabilidade do autor.

Todos os direitos em língua portuguesa reservados à
Editora de Livros Cobogó Ltda.
Rua Jardim Botânico, 635/406
Rio de Janeiro – RJ – 22470-050
www.cobogo.com.br

ALGUÉM ACABA DE MORRER LÁ FORA, de Jô Bilac

NINGUÉM FALOU QUE SERIA FÁCIL, de Felipe Rocha

TRABALHOS DE AMORES QUASE PERDIDOS, de Pedro Brício

NEM UM DIA SE PASSA SEM NOTÍCIAS SUAS, de Daniela Pereira de Carvalho

OS ESTONIANOS, de Julia Spadaccini

PONTO DE FUGA, de Rodrigo Nogueira

POR ELISE, de Grace Passô

MARCHA PARA ZENTURO, de Grace Passô

AMORES SURDOS, de Grace Passô

CONGRESSO INTERNACIONAL DO MEDO, de Grace Passô

IN ON IT | A PRIMEIRA VISTA, de Daniel MacIvor

INCÊNDIOS, de Wajdi Mouawad

CINE MONSTRO, de Daniel MacIvor

CONSELHO DE CLASSE, de Jô Bilac

CARA DE CAVALO, de Pedro Kosovski

GARRAS CURVAS E UM CANTO SEDUTOR, de Daniele Avila Small

OS MAMUTES, de Jô Bilac

INFÂNCIA, TIROS E PLUMAS, de Jô Bilac

NEM MESMO TODO O OCEANO, adaptação de Inez Viana do romance de Alcione Araújo

NÔMADES, de Marcio Abreu e Patrick Pessoa

CARANGUEJO OVERDRIVE, de Pedro Kosovski

BR-TRANS, de Silvero Pereira

KRUM, de Hanoch Levin

MARÉ/PROJETO bRASIL, de Marcio Abreu

AS PALAVRAS E AS COISAS, de Pedro Brício

MATA TEU PAI, de Grace Passô

ÃRRÃ, de Vinicius Calderoni

JANIS, de Diogo Liberano

NÃO NEM NADA, de Vinicius Calderoni

CHORUME, de Vinicius Calderoni

GUANABARA CANIBAL, de Pedro Kosovski

TOM NA FAZENDA, de Michel Marc Bouchard

OS ARQUEÓLOGOS, de Vinicius Calderoni

ESCUTA!, de Francisco Ohana

ROSE, de Cecilia Ripoll

O ENIGMA DO BOM DIA, de Olga Almeida

A ÚLTIMA PEÇA, de Inez Viana

BURAQUINHOS OU O VENTO É INIMIGO DO PICUMÃ, de Jhonny Salaberg

PASSARINHO, de Ana Kutner

INSETOS, de Jô Bilac

A TROPA, de Gustavo Pinheiro

A GARAGEM, de Felipe Haiut

SILÊNCIO.DOC, de Marcelo Varzea

PRETO, de Grace Passô, Marcio Abreu e Nadja Naira

MARTA, ROSA E JOÃO, de Malu Galli

MATO CHEIO, de Carcaça de Poéticas Negras

YELLOW BASTARD, de Diogo Liberano

SINFONIA SONHO, de Diogo Liberano

SAIA, de Marcéli Torquato

SÓ PERCEBO QUE ESTOU CORRENDO QUANDO VEJO QUE ESTOU CAINDO, de Lane Lopes

É A VIDA, de Mohamed El Khatib
Tradução Gabriel F.

COLEÇÃO DRAMATURGIA FRANCESA

FIZ BEM?, de Pauline Sales
Tradução Pedro Kosovski

ONDE E QUANDO NÓS MORREMOS, de Riad Gahmi
Tradução Grupo Carmin

PULVERIZADOS, de Alexandra Badea
Tradução Marcio Abreu

EU CARREGUEI MEU PAI SOBRE OS OMBROS, de Fabrice Melquiot
Tradução Alexandre Dal Farra

HOMENS QUE CAEM, de Marion Aubert
Tradução Renato Forin Jr.

PUNHOS, de Pauline Peyrade
Tradução Grace Passô

QUEIMADURAS, de Hubert Colas
Tradução Jezebel de Carli

A PAZ PERPÉTUA, de Juan Mayorga
Tradução Aderbal Freire-Filho

ATRA BÍLIS, de Laila Ripoll
Tradução Hugo Rodas

CACHORRO MORTO NA LAVANDERIA: OS FORTES, de Angélica Liddell
Tradução Beatriz Sayad

CLIFF (PRECIPÍCIO), de José Alberto Conejero
Tradução Fernando Yamamoto

DENTRO DA TERRA, de Paco Bezerra
Tradução Roberto Alvim

MÜNCHAUSEN, de Lucía Vilanova
Tradução Pedro Brício

NN12, de Gracia Morales
Tradução Gilberto Gawronski

O PRINCÍPIO DE ARQUIMEDES, de Josep Maria Miró i Coromina
Tradução Luís Artur Nunes

OS CORPOS PERDIDOS, de José Manuel Mora
Tradução Cibele Forjaz

APRÈS MOI, LE DÉLUGE (DEPOIS DE MIM, O DILÚVIO), de Lluïsa Cunillé
Tradução Marcio Meirelles

COLEÇÃO DRAMATURGIA ESPANHOLA

2019

1ª impressão

Este livro foi composto em Univers.
Impresso pela Gráfica Eskenazi
sobre papel Pólen Bold LD 70g/m².